la récré

2

Alexandra Potier

Conception : Samir Éditeur
Direction éditoriale : Maya Abdo-Hanna
Coordination éditoriale : Anne-Valérie Boustany
Conception graphique : Joan El Mir
Direction artistique : Magali Aline Safar
Illustrations des unités : Christiane Boustani
Illustrations des chansons et comptines : Joëlle Achkar

Illustration de couverture : Christiane Boustani
Photographies : p. 17 : © RMN/© Hervé Lewandowski/Thierry le Mage ; p. 51 : © Musée d'Orsay, Dist RMN/© Patrice Schmidt
Remerciement : Fondation Maurice Carême
Maquette : Mawaheb Salhab

1re édition 2009
© samir éditeur 2009 – Sin al-Fil, Jisr al-Waty, **B.P.** 55542 Beyrouth, LIBAN – ISBN 995331218-4

Toute représentation ou reproduction, intégrale ou partielle, par quelque procédé que ce soit, qu'elle porte sur les textes, les illustrations, les photographies, les légendes ou la mise en page, faite sans le consentement de l'éditeur ou de ses ayants droit ou ayants cause, serait illicite et constituerait un plagiat ou une contrefaçon sanctionnés par la loi n° 75/99 ou toute autre loi relative à la protection des droits de propriété intellectuelle.

A La récré 2, j'apprends le français avec Bidule et ses amis Lou et Eliot.

Mon livre comprend 6 unités. Chaque unité se compose des parties suivantes :

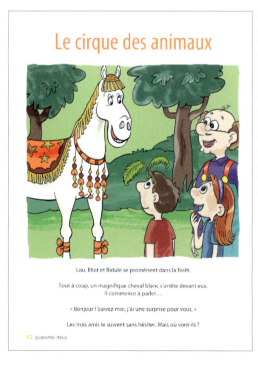

Un conte illustré de 8 pages pour découvrir une histoire avec de nouveaux mots et de nouvelles phrases en français.

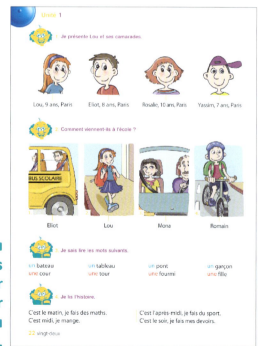

Une ou deux pages pour m'exprimer à l'oral ou pour lire.

Une page pour réaliser des activités manuelles et des recettes de cuisine.

Une page pour jouer.

Une page pour découvrir des chansons.

Une page pour réciter des comptines.

Sommaire

	Je vais apprendre		Je vais lire
Unité 0 **Bonjour**	à dire ce que je vois 9 à dire ce que j'aime et ce que je n'aime pas 9 à m'exprimer en classe 10	à localiser les principales villes de France 12 à décrire le temps qu'il fait 12	le temps qu'il fait 1
Unité 1 **Bidule à Paris**	à décrire une ville 14 à 21 à décrire Paris et ses monuments 14 à 21, 24 à localiser des objets dans l'espace 14, 16, 19, 20 à citer les moments de la journée 14, 16, 21, 22	à nommer des moyens de transport 14, 16, 21, 22, 24 à me présenter et à présenter des amis 15, 22 à décrire une école 23	le conte *Bidule à Paris* 14 à 2 les mots de l'école 2 une histoire courte 2
Unité 2 **Les championnats de Machinville**	à nommer des magasins 29, 30, 31, 36, 37 à nommer des aliments 29, 31 le lexique du sport 30, 32 à 36 à faire des achats 30, 31, 36, 38	à exprimer un besoin 30 à parler du poids et de la taille 30, 33 à payer en euros 38 à compter jusqu'à 100 38	le conte *Les championnats de Machinville* 28 à 3 une lettre d'invitation 2 une liste de courses 3 des mots sur les sports 3
Unité 3 **Le cirque des animaux**	à décrire un cirque 42 à 51 à nommer les animaux du cirque 42 à 50 à nommer les métiers du cirque 43 à 51 à nommer des instruments de musique 43, 47, 50	à décrire des actions quotidiennes 44, 50 à formuler un jugement 46, 47 à utiliser des superlatifs 46, 47 à exprimer la négation 49	le conte *Le cirque des animaux* 42 à 4 une affiche de cirque 4 des mots au singulier et au pluriel 5 des phrases 5
Unité 4 **Une drôle d'odeur**	à décrire une maison 56 à 63 à nommer les meubles 56, 58, 59, 62, 64 à nommer les appareils électroménagers 56, 57, 60, 61, 64 à dire ce que je suis en train de faire 56, 64	à nommer les pièces de la maison 56 à 63 à donner l'heure 57 à 59 à décrire une odeur 59, 60, 63 à nommer les habits 59, 64 à parler au passé 60 à 64 à identifier les bruits de la maison 65	le conte *Une drôle d'odeur* 56 à 6 un schéma d'ordinateur annoté 6 un texte descriptif sur le putois 6
Unité 5 **Eliot s'est cassé la jambe**	à raconter un événement au passé 70 à 78 à exprimer des émotions 70 à 78 à décrire un accident 70 le lexique de l'hôpital 71 à nommer des parties du corps 71, 74 à parler de mes bobos 71, 74, 75, 76, 78	à dire ce que je peux ou ne peux pas faire 72, 75, 78 à faire des comparaisons 74, 76, 77, 78, 79 à décrire une fête d'anniversaire 76, 77 à demander pardon 77	le conte *Eliot s'est cassé la jambe* 70 à 7 des phrases en cascade 7 des cartes d'anniversaire 7
Unité 6 **La chasse au dahu**	à décrire un animal imaginaire 84, 85 à parler au passé 84 à 91 à exprimer la nécessité (il faut) 85, 92 à parler au futur 86, 87, 92	à lire une carte 87 à décrire une forêt 87 à 90 à nommer les animaux de la forêt 88, 89, 91, 92, 93 à faire une hypothèse 91 à identifier les sons de la forêt 92	le conte *La chasse au Dahu* 84 à 9 des mots en [uj] et [œj] 9 un rébus 9 la couverture d'un livre 9

4 quatre

Je vais écrire	Je vais réaliser	Je vais jouer	Je vais chanter	Je vais réciter
			Bonjour Bidule 11 Au revoir Bidule 11	Vive la récré 11
un livre sur mon école 23	un livre sur mon école 23 des crêpes 23	au jeu du métro touristique 24	Sur le pont d'Avignon * 25 Devant, derrière 25	Bravo 26 A Paris 26
les noms de magasins 37	une maison en papier 37	au juste prix 38	Coiffeur, coiffeur 39 Le chariot 39	Mon prof de sport 40 La fourmi 40
	un tableau pointilliste 51 des balles à jongler 52 une guitare 52		Un éléphant qui se balançait * 53 Le clown est tombé 53	Méli-mélo 54 Do, ré, mi, la perdrix * 54
	un frigo bien rempli 66 une compote de pommes 66		Il était un petit homme * 67 Ils étaient cinq dans un grand lit * 67	Le balai 68 L'E dans l'O 68
	des lampions 80 des guirlandes 80		A la volette * 81 Mon âne * 81	Polichinelle * 82 Mille menottes 82
	une chouette marionnette 94 un hérisson porte-crayon 94		Pauvre dahu 95 Le grand cerf * 95	Dis maman 96 Le hérisson 96

* chansons et comptines traditionnelles

cinq **5**

Les lettres de Bidule

Aa	Bb	Cc	Dd
Ee	Ff	Gg	Hh
Ii	Jj	Kk	Ll
Mm	Nn	Oo	Pp
Qq	Rr	Ss	Tt
Uu	Vv	Ww	Xx
Yy	Zz		

Les nombres de Bidule

0 zéro	1 un	2 deux	3 trois	4 quatre	5 cinq	6 six
7 sept	8 huit	9 neuf	10 dix	11 onze	12 douze	13 treize
14 quatorze	15 quinze	16 seize	17 dix-sept	18 dix-huit	19 dix-neuf	20 vingt
21 vingt et un	22 vingt-deux	23 vingt-trois	30 trente	31 trente et un	32 trente-deux	33 trente-trois
40 quarante	50 cinquante	60 soixante	70 soixante-dix	71 soixante et onze	72 soixante-douze	73 soixante-treize
80 quatre-vingts	90 quatre-vingt-dix	91 quatre-vingt-onze	92 quatre-vingt-douze	100 cent	200 deux cents	1000 mille

Les pictogrammes de Bidule

Je chante

Je cuisine

J'écoute

Je récite

Je fabrique

Je joue

Je lis

J'observe

Je parle

Unité 0

Bonjour

 1. J'observe les vignettes et je dis ce que je vois.

 **2. J'écoute Bidule et je retrouve ce qu'il aime et ce qu'il n'aime pas.**

un livre   une pizza   un chien   un serpent   une radio

une fleur   un singe   un chat   un bonbon   une canne à pêche

une tomate   un ballon de football   un croissant   un rat   un téléphone

 3. A mon tour, je dis ce que j'aime et ce que je n'aime pas.

neuf **9**

Unité 0

  4. J'observe et je décris la classe.

 **5.** J'écoute et je montre les enfants qui répondent « présent ».
6. J'écoute et je fais ce que dit la maîtresse.
7. J'écoute et je répète ce que disent les enfants.

Unité 0

8. Je chante.

Bonjour Bidule

C'est l'heure de la récré,
Bidule est arrivé,
On court dans la cour
Pour le retrouver.

C'est l'heure de la récré,
Bidule est arrivé,
On court dans la cour
On lui dit : « Bonjour ! »

9. Je récite.

Vive la récré

« Asseyez-vous, asseyez-vous, asseyez-vous »,
Dit la maîtresse.
« Ecoutez-moi, écoutez-moi, écoutez-moi »,
Dit la maîtresse.
Et quand sonne enfin la cloche : « Vive la récré »,
Crient les enfants.

10. Je chante.

Au revoir Bidule

Au revoir Bidule,
A demain Bidule,
Au revoir Bidule,
A bientôt Bidule,
Au revoir Bidule,
Bon voyage Bidule.

Unité 0

11. Je découvre la France et les principales villes de France.

Lundi 20 septembre

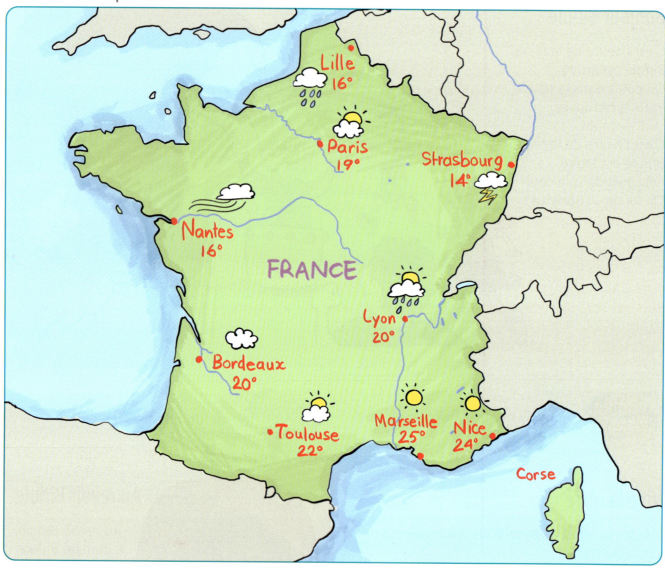

Je présente la météo en France. Quel temps fait-il ?

12. Je lis.

A Nice, il y a du soleil.
A Bordeaux, il y a des nuages.
A Strasbourg, il y a un orage.

A Nantes, il y a du vent.
A Lille, il pleut.
A Paris, il fait 19 degrés.

Unité 1
Bidule à Paris

Dans cette unité,
je vais apprendre

à décrire une ville	14 à 21
à décrire Paris et ses monuments	14 à 21, 24
à localiser des objets dans l'espace	14, 16, 19, 20
à citer les moments de la journée	14, 16, 21, 22
à nommer des moyens de transport	14, 16, 21, 22, 24
à me présenter et à présenter des amis	15, 22
à décrire une école	23

je vais lire

le conte *Bidule à Paris*	14 à 21
les mots de l'école	22
une histoire courte	22

je vais écrire

un livre sur mon école	23

je vais réaliser

un livre sur mon école	23
des crêpes	23

je vais jouer

au jeu du métro touristique	24

je vais chanter

Sur le pont d'Avignon	25
Devant, derrière	25

je vais réciter

Bravo	26
A Paris	26

Bidule à Paris

C'est le matin. Voici Paris. C'est une ville.
Dans la ville, il y a des immeubles.
Dans les rues, il y a des automobiles.

Dans la rue Blanche, il y a une école. C'est l'école du Chêne Vert.
Dans la cour de l'école, il y a un grand chêne.

Oh ! Et dans le ciel, il y a un ballon.

BOUM ! Le ballon atterrit dans la cour ! Dans la nacelle, il y a un homme rigolo.

« Bonjour, les enfants !
– Comment tu t'appelles ?
– Je m'appelle Bidule. »

Une fille s'approche de Bidule.
« Moi, je m'appelle Lou. J'habite à Paris et j'ai 9 ans. »

Puis c'est le tour d'un garçon un peu timide.
« Salut, je m'appelle Eliot, j'ai 8 ans et j'habite aussi à Paris. »

C'est l'après-midi. La cloche sonne. L'école est finie.
« Viens avec nous, on va visiter Paris ! » propose Lou.

Plus tard, Bidule, Lou et Eliot sont dans un bateau-mouche.
Le bateau est sur la Seine. La Seine, c'est le fleuve de Paris.
Le bateau passe sous les ponts.
Il passe à côté d'une île.
Sur l'île, il y a Notre-Dame de Paris.

« Voici le musée du Louvre », explique Lou.
Devant le musée du Louvre, il y a une grande pyramide en verre !
« Oh ! Quelle belle pyramide ! s'exclame Bidule.
– Et dans le musée, il y a un tableau très célèbre ; c'est la Joconde, ajoute Eliot.
– Léonard de Vinci a peint la Joconde, précise Lou.
Et avec notre école, nous avons visité le musée du Louvre.
Nous avons aussi fait un dessin de la Joconde ! »

Plus tard, à la fête foraine du jardin des Tuileries :
« J'ai faim ! dit Lou.
– Oui, moi aussi. Regarde, il y a des barbes à papa ! dit Eliot.
– Il y a aussi des guimauves de toutes les couleurs : jaune, rose, vert, bleu et mauve, ajoute Lou.
– Et des crêpes ! » précise Eliot.

« Allons sur les montagnes russes ! » propose Eliot.

Les trois amis montent et descendent les montagnes russes à grande vitesse. Ils vont en avant, puis en arrière. Ils ont aussi parfois la tête en bas !

« J'ai peur ! crie Lou.
– Moi aussi ! » crie Bidule.
Mais Eliot n'a pas peur !

Lou, Eliot et Bidule sont maintenant dans une gigantesque tour. C'est la tour Eiffel.

Les trois amis montent les escaliers de la tour.
Les touristes paresseux montent en ascenseur.

En haut de la tour, ils regardent Paris.
En bas, les gens sont très petits, comme des fourmis.

C'est le soir.
« Venez, les enfants ! Nous allons sauter en parachute.
Trois, deux, un… HOP ! »

Bidule, Lou et Eliot sautent de la tour Eiffel.
Les trois amis descendent en parachute, petit à petit, dans la belle nuit de Paris.

Unité 1

 1. Je présente Lou et ses camarades.

Lou, 9 ans, Paris   Eliot, 8 ans, Paris   Rosalie, 10 ans, Paris   Yassim, 7 ans, Paris

 2. Comment viennent-ils à l'école ?

1. Eliot   2. Lou   3. Mona   4. Romain

 3. Je sais lire les mots suivants.

un bateau   un tableau   un pont   un garçon
une cour   une tour   une fourmi   une fille

 4. Je lis l'histoire.

C'est le matin, je fais des maths.　　C'est l'après-midi, je fais du sport.
C'est midi, je mange.　　　　　　　　C'est le soir, je fais mes devoirs.

Unité 1

5. Je fabrique un livre sur mon école.

Il me faut : deux feuilles blanches une feuille colorée  des crayons de couleur une agrafeuse

1. Je plie la feuille colorée en deux pour faire la couverture. J'écris « mon école ».

2. Je plie les deux feuilles blanches en deux. J'obtiens ainsi 8 pages.

3. Je dessine à chaque page un lieu de mon école. J'écris un petit commentaire au-dessus de chaque dessin.

4. Je glisse les pages dans la couverture et j'agrafe le tout.

3.

4.

6. Je prépare des crêpes.

Il me faut : un sachet de sucre vanillé, 3 œufs, un fouet, une louche, du sel, 250 g de farine, de la confiture, une poêle, du beurre, un saladier, un demi-litre de lait

1. Je verse la farine et les œufs dans le saladier. Je verse petit à petit le lait en mélangeant avec le fouet. J'ajoute le sucre vanillé et une pincée de sel.

2. Je beurre légèrement la poêle. Je verse une louche de pâte à crêpe dans la poêle. Je fais cuire la crêpe des deux côtés en la faisant sauter.

3. Je garnis ma crêpe de confiture. Bon appétit !

1.

2.

vingt-trois 23

Unité 1

7. Je joue au jeu du métro touristique.

Il me faut : un dé – un pion et 7 jetons par joueur (2 à 4 joueurs).

1. Je place mon pion sur la station « départ ».

2. Je lance le dé et j'avance d'autant de stations de métro que le nombre indiqué sur le dé.

3. Si je tombe pile sur un monument, je le visite et j'y laisse un jeton.

4. Le premier qui visite tous les monuments a gagné.

24 vingt-quatre

 je chante

Sur le pont d'Avignon

Refrain :
Sur le pont d'Avignon,
On y danse, on y danse,
Sur le pont d'Avignon,
On y danse tous en rond.

Les beaux messieurs font comme ça,
Et puis encore comme ça.

refrain

Les belles dames font comme ça,
Et puis encore comme ça.

refrain

Devant, derrière

Je mets le pied devant,
Je mets le pied derrière,
Et je tourne, tourne, tourne.

Je mets la main dessus,
Je mets la main dessous,
Et je cours, cours, cours.

Je mets les bras en haut,
Je mets les bras en bas,
Et je saute, saute, saute.

Je fais un pas à gauche,
Je fais un pas à droite,
Et je danse, danse, danse.

Unité 1

je récite

Bravo

Je fais de la musique
Avec un micro,
Des mathématiques
Avec des dominos,
De l'informatique
Avec des jeux vidéo,
De l'art plastique
Avec des pinceaux.
L'école c'est sympathique.
Moi, je dis BRAVO !

A Paris

A Paris, il fait beau,
Tout le monde roule à vélo.

A Paris, il fait gris,
Tout le monde prend le métro.

Et quand tombe la nuit,
Tout le monde rentre en taxi.

Unité 2
Les championnats de Machinville

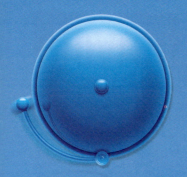

Dans cette unité,
je vais apprendre

à nommer des magasins	29, 30, 31, 36, 37
à nommer des aliments	29, 31
le lexique du sport	30, 32 à 36
à faire des achats	30, 31, 36, 38
à exprimer un besoin	30
à parler du poids et de la taille	30, 33
à payer en euros	38
à compter jusqu'à 100	38

je vais lire

le conte *Les championnats de Machinville*	28 à 35
une lettre d'invitation	28
une liste de courses	31
des mots sur les sports	36

je vais écrire

des noms de magasins	37

je vais réaliser

une maison en papier	37

je vais jouer

au juste prix	38

je vais chanter

Coiffeur, coiffeur	39
Le chariot	39

je vais réciter

Mon prof de sport	40
La fourmi	40

Les championnats de Machinville

Lou et Eliot jouent dans le jardin.
Tout à coup, un oiseau géant arrive. Il apporte une lettre d'invitation.

Chers amis,
Je participe aux championnats de Machinville.
Venez m'encourager !
Montez sur le dos d'Icare, l'oiseau facteur.

Bidule

Les enfants grimpent sur le dos d'Icare et volent vers Machinville !

Après un long voyage, les enfants arrivent enfin à Machinville.

« Bonjour les enfants, bienvenue à Machinville, dit Bidule.
Venez avec moi, je dois faire des courses. »

Lou et Eliot découvrent tous les magasins de Machinville.
A la pâtisserie, il y a des gâteaux.
A la boulangerie, il y a des baguettes.
A l'épicerie, il y a des fruits et des légumes.
A la poste, il y a des timbres.
A la pharmacie, il y a des médicaments.

Au magasin de sport, Bidule achète des baskets.
« Bonjour Madame, je voudrais des baskets, s'il vous plaît.
– Quelle est votre pointure ? demande la vendeuse.
– Je fais du 39. »

Puis il achète un tee-shirt.
« Quelle est votre taille ? demande la vendeuse.
– Je fais du 38.
– Vous avez besoin d'autre chose ?
– Oui, j'ai besoin d'un maillot de bain. »

Pendant ce temps, Lou regarde des raquettes de tennis et Eliot joue avec un skateboard.

Une heure plus tard, les enfants ont faim.
« Oui, moi aussi j'ai faim, dit Bidule. Allons au supermarché. »

Au supermarché, Bidule, Lou et Eliot font des courses.
Voici la liste des courses.

1 pastèque
1 kilo d'abricots
du fromage frais
6 bouteilles d'eau
4 pots de yaourt
une boîte de haricots
un paquet de bonbons
un litre de lait

Les championnats commencent.
Lou et Eliot sont assis dans les gradins.

Première épreuve : la course de sacs.
Bidule et les coureurs sont dans leur sac.

L'arbitre lève la main et donne le signal du départ :
« A vos marques, prêts, partez ! »

Tout le monde saute très vite.
Tout le monde ? Non, regardez Bidule qui saute très mal !

Deuxième épreuve : le lancer de pastèque.
L'arbitre présente tous les lanceurs.

« Notre premier lanceur s'appelle Victor.
Victor pèse 80 kilos.
Il mesure 1 mètre 70.

Notre deuxième lanceur s'appelle Bidule.
Bidule pèse 50 kilos.
Il mesure 1 mètre 50…

Ils vont lancer une pastèque de 15 kilos. »

Tout le monde lance très loin.
Tout le monde ? Non, regardez Bidule qui lance très maladroitement !

Troisième épreuve : la natation.
Bidule, Walter et les autres nageurs sont au bord de la piscine.

Au signal de l'arbitre, ils plongent dans l'eau.
Tout le monde plonge très bien.
Tout le monde ? Non, regardez Bidule qui plonge très mal !

C'est la remise des médailles.

Bidule, Victor et Walter sont sur le podium.
Victor reçoit la médaille d'or.
Walter reçoit la médaille d'argent.
Bidule reçoit la médaille de bronze.

« Bravo Bidule ! » crient Lou et Eliot.

L'important ce n'est pas de gagner mais de participer.

Unité 2

 1. J'écoute. Où va Bidule ?

 2. Qu'est-ce qu'ils achètent ?

 3. Que fait Bidule ?

1. 2. 3. 4.

 4. Je sais lire les mots suivants.

le tennis   le football   le judo   le water-polo

la course   la natation   la boxe   la danse

Unité 2

5. Je fabrique une maison en papier.

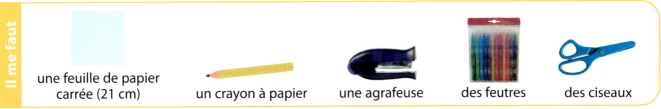

Il me faut : une feuille de papier carrée (21 cm), un crayon à papier, une agrafeuse, des feutres, des ciseaux

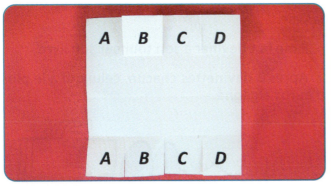

1. Je plie la feuille à 4 reprises pour obtenir 16 petits carrés.
Je découpe les côtés des carrés B et C.

2. Je place le carré C sur le carré B, puis je rabats les carrés A et D pour obtenir une façade de maison.

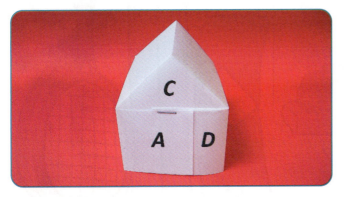

3. J'agrafe le tout.

4. Je décore ma maison ou mon magasin.

5. Je peux fabriquer plusieurs maisons ou magasins pour faire un village.

trente-sept 37

Unité 2

6. Je joue au juste prix.

Il me faut : les euros des pages cartonnées (2 joueurs).

1. Je découpe les euros des pages cartonnées. Mon ami fait de même.

2. Je marque un prix en euro sur chacune des étiquettes de mon magasin (un nombre entier entre 1 et 20 euros).

3. Mon ami choisit un objet à partir de son livre.

4. Il doit deviner combien coûte l'objet dans mon magasin en annonçant un prix. Si ce n'est pas le juste prix, je réponds « plus » ou « moins » pour l'aider à deviner.

5. Au bout de 5 tentatives, s'il trouve le juste prix, je lui paie la somme. Sinon, c'est lui qui me la paie.

6. Il me fait deviner à son tour sur son livre.

7. Après 3 devinettes chacun, celui qui a le plus d'euros a gagné.

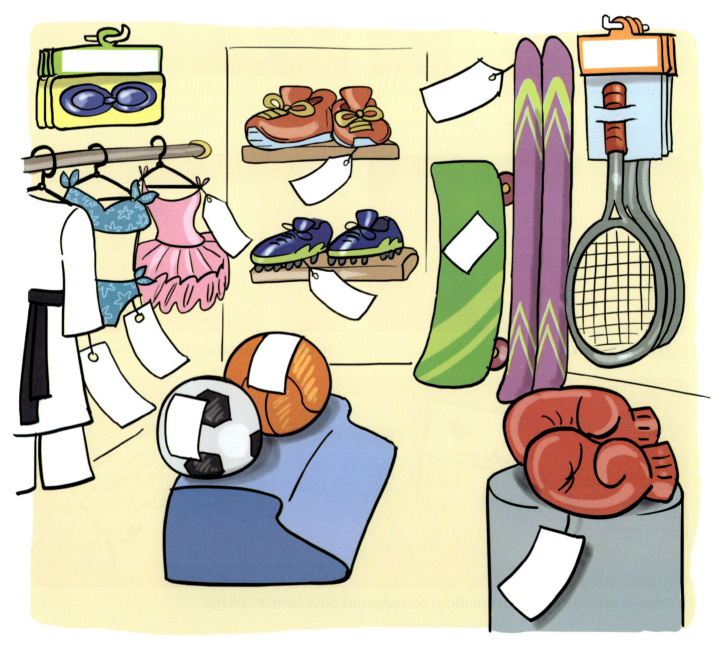

 je chante

Coiffeur, coiffeur

Coiffeur, coiffeur,
Rends-moi beau,
Coiffeur, coiffeur,
Fais danser tes ciseaux.

Facteur, facteur,
Apporte-moi,
Facteur, facteur,
Une lettre de mon papa.

Serveur, serveur,
S'il te plaît,
Serveur, serveur,
Donne-moi une tasse de thé.

Le chariot

Roule roule le chariot,
Quatre roues comme une auto,
Remplis-toi de bons gâteaux,
De fromage, de bouteilles d'eau.

Refrain :
Roule roule roule roule le chariot,
Roule roule roule roule comme une auto.
bis

Roule roule le chariot,
Quatre roues comme une auto,
Remplis-toi de petits pots,
De poissons et d'abricots.

refrain
bis

Unité 2

je récite

Mon prof de sport

Mon prof à la piscine
Dit
Nage, nage, nage,
Nage, nage, nage.

Mon prof au trampoline
Dit
Saute, saute, saute,
Saute, saute, saute.

Mon prof à la cantine
Dit
Mange, mange, mange,
Mange, mange, mange.

La fourmi

Une fourmi de dix-huit mètres
Avec un chapeau sur la tête,
Ça n'existe pas, ça n'existe pas.
Une fourmi traînant un char
Plein de pingouins et de canards,
Ça n'existe pas, ça n'existe pas.
Une fourmi parlant français,
Parlant latin et javanais,
Ça n'existe pas, ça n'existe pas.

Et pourquoi pas ?

Robert Desnos,
extrait de *Chantefables et Chantefleurs*,
© Editions Gründ.

Unité 3
Le cirque des animaux

Dans cette unité,
je vais apprendre

à décrire un cirque	42 à 51
à nommer les animaux du cirque	42 à 50
à nommer les métiers du cirque	43 à 51
à nommer des instruments de musique	43, 47, 50
à décrire des actions quotidiennes	44, 50
à formuler un jugement	46, 47
à utiliser des superlatifs	46, 47
à exprimer la négation	49

je vais lire

le conte *Le cirque des animaux*	42 à 49
une affiche de cirque	43
des mots au singulier et au pluriel	50
des phrases	50

je vais réaliser

un tableau pointilliste	51
des balles à jongler	52
une guitare	52

je vais chanter

Un éléphant qui se balançait	53
Le clown est tombé	53

je vais réciter

Méli-mélo	54
Do, ré, mi, la perdrix	54

Le cirque des animaux

Lou, Eliot et Bidule se promènent dans la forêt.

Tout à coup, un magnifique cheval blanc s'arrête devant eux.
Il commence à parler…

« Bonjour ! Suivez-moi, j'ai une surprise pour vous. »

Les trois amis le suivent sans hésiter. Mais où vont-ils ?

Eliot, Lou et Bidule visitent les loges du cirque.
Dans sa roulotte, Paf la girafe funambule se prépare.
D'abord, elle s'habille.
Puis elle se coiffe, se brosse les dents et enfin elle se maquille.

Avant le spectacle, elle se repose et elle lit le journal.
Les trois amis se taisent.
Chut !

Les spectateurs sont assis dans les gradins du chapiteau.

Eliot et Lou attendent avec impatience le début du spectacle.
Enfin un élégant pingouin arrive au milieu de la piste,
un micro à la main.

« Mesdames, mesdemoiselles, messieurs, bienvenue au cirque des animaux.
Que le spectacle commence ! »

Le spectacle commence avec les éléphants trapézistes.
En haut, trois gros éléphants se balancent au trapèze.
C'est Jean l'éléphant qui est le plus époustouflant !

En bas, deux hippopotames acrobates font des pirouettes sur de petits vélos.
C'est Sam l'hippopotame qui est le plus amusant !

Trois clowns arrivent sur la piste à la queue leu leu :
Gaston le lion, Geneviève l'autruche et Alain le babouin.

Le premier joue de la trompette.
Le deuxième joue de la guitare.
Et le troisième a déjà fait une pirouette en trébuchant sur son accordéon.

C'est l'accordéoniste qui est le plus maladroit !
Les spectateurs rient très fort.

Pendant ce temps, Bidule a disparu…

« Mesdames, mesdemoiselles, messieurs, voici maintenant notre numéro spécial.
Applaudissez Bidule l'homme canon ! »

Un loup apporte sur la piste un canon dans lequel se trouve notre ami Bidule !

On bat du tambour… Silence…
« Trois, deux, un, feu ! »

Notre homme canon est propulsé en l'air et traverse le chapiteau !
Mais où est-il parti ?

Paf la girafe, Eliot et Lou ont cherché Bidule toute la nuit.
Ils ont cherché partout dans la forêt. Mais Bidule n'est nulle part.

« Hé ho ! il y a quelqu'un ? crie Lou.
– Il n'y a personne, dit Eliot.
– Vous voyez quelque chose ? demande Paf.
– On ne voit rien, il fait si sombre, chuchote Lou.
– Chut… écoutez ! J'entends quelqu'un qui ronfle », dit Eliot.

Paf lève le nez, elle regarde en haut des arbres…   c'est Bidule qui dort à poings fermés !

Unité 3

 1. Qui est-ce ?

1.   2.   3.   4.   5.   6.

 2. Que font Lou et Eliot ?

 **3. J'écoute. De quel instrument joue Bidule ?**

1.   2.

3.   4.

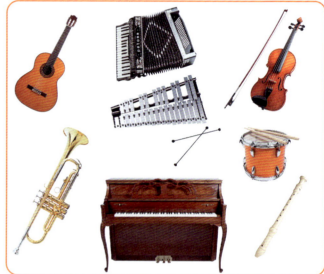

 4. Je sais lire les mots suivants.

un éléphant   un tigre   une autruche   une guitare
des éléphants   des tigres   des autruches   des guitares

un animal   un cheval   un chapiteau   un journal
des animaux   des chevaux   des chapiteaux   des journaux

 5. Je lis les phrases suivantes.

C'est l'éléphant qui est trapéziste.   C'est le babouin qui est clown.
C'est le tigre qui est magicien.   C'est l'hippopotame qui est acrobate.

Unité 3

 **6. J'observe le tableau. Je réponds aux questions.**

 7. Je réalise un tableau pointilliste d'après le tableau de Seurat.

Il me faut : une grande feuille, un crayon à papier, de la peinture, des pinceaux.

Le cirque, 1890, Georges Pierre Seurat, Musée d'Orsay, Paris.

1. Où sont assis les spectateurs ?

2. Quel animal est représenté ?

3. Qui sont les personnages sur la piste ?

4. Que font-ils ?

1. Je fais un dessin au crayon à papier sur le thème du cirque.

2. Je colorie mon dessin en faisant de petits points avec de la peinture.

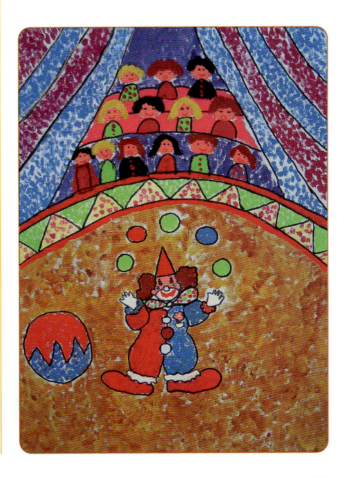

cinquante et un **51**

Unité 3

8. Je fabrique des balles à jongler.

Il me faut

six ballons de baudruche

du riz

une cuillère

des ciseaux

du film alimentaire

du ruban adhésif

1. Je déroule 40 cm de film alimentaire et je verse une poignée de riz au milieu. Je rabats le film pour former une boule de riz et je le fixe avec du ruban adhésif.

2. Je coupe le haut d'un ballon. Je mets la boule de riz dans le ballon avec l'aide d'un camarade.

3. Je coupe le haut d'un ballon de couleur différente, je fais des petits trous avec les ciseaux et je mets la balle dans le ballon troué.

4. Je fabrique 3 balles et je jongle.

1.

2.

3.

4.

9. Je fabrique une guitare.

Il me faut

une boîte à chaussures

une pince à linge en bois

de la colle

des ciseaux

de la peinture

trois élastiques

des pinceaux

1. Je découpe un ovale au milieu du couvercle.

2. Je décore la boîte avec de la peinture.

3. Je démonte la pince à linge pour obtenir deux demi-pinces. Je colle chaque demi-pince de part et d'autre de l'ovale.

4. Je tends trois élastiques autour de la boîte. Je joue de la guitare en pinçant les cordes !

1.

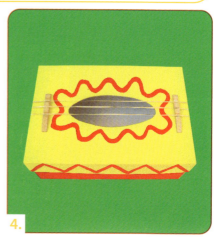
4.

je chante

Unité 3

Un éléphant qui se balançait

Un éléphant qui se balançait,
Sur une toile toile toile toile d'araignée,
Trouva ce jeu si intéressant
Qu'il alla chercher un deuxième éléphant.

Deux éléphants qui se balançaient,
Sur une toile toile toile toile d'araignée,
Trouvèrent ce jeu si intéressant
Qu'ils allèrent chercher un troisième éléphant.

Trois éléphants qui se balançaient,
Sur une toile toile toile toile d'araignée,
Trouvèrent ce jeu si intéressant
Que tout à coup la toile craqua
Et boum, patatras !

Le clown est tombé

Le clown est tombé
En arrière, en arrière,
Le clown est tombé
En arrière sur son derrière.

Le clown est tombé
En avant, en avant,
Le clown est tombé
En avant tout en riant.

Le clown est tombé
Sur les fesses, sur les fesses,
Le clown est tombé
Sur les fesses à grande vitesse.

Le clown est tombé
Dans un seau, dans un seau,
Le clown est tombé
Dans un seau, il est plein d'eau.

Unité 3

je récite

Méli-mélo

C'est le cirque des animaux,
Où règne un méli-mélo,
Un chaos très rigolo,
Sous un énorme chapiteau.

Un babouin vraiment pas beau,
Une girafe et son chapeau,
De gros hippos à vélo,
Des éléphants très costauds.

Do, ré, mi, la perdrix

Do, ré, mi, la perdrix,
Mi, fa, sol, prend son vol,
Fa, mi, ré, dans un pré,
Mi, ré, do, au bord de l'eau.

Do, si, la, là voilà,
Si, la, sol, dans son vol,
La, sol, fa, près du bois,
Mi, ré, do, au bord de l'eau.

Unité 4
Une drôle d'odeur

Dans cette unité,
je vais apprendre

à décrire une maison	56 à 63
à nommer les meubles	56, 58, 59, 62, 64
à nommer les appareils électroménagers	56, 57, 60, 61, 64
à dire ce que je suis en train de faire	56, 64
à nommer les pièces de la maison	56 à 63
à donner l'heure	57 à 59
à décrire une odeur	59, 60, 63
à nommer les habits	59, 64
à parler au passé	60 à 64
à identifier les bruits de la maison	65

je vais lire

le conte *Une drôle d'odeur*	56 à 63
un schéma d'ordinateur annoté	65
un texte descriptif sur le putois	65

je vais réaliser

un frigo bien rempli	66
une compote de pommes	66

je vais chanter

Il était un petit homme	67
Ils étaient cinq dans un grand lit	67

je vais réciter

Le balai	68
L'E dans l'O	68

Une drôle d'odeur

Aujourd'hui, c'est mercredi.
Lou et Eliot sont chez Bidule qui a un gros rhume.

Dans le salon, Eliot est en train de faire le ménage. Il passe l'aspirateur.
Bidule, bien assis sur le canapé, est en train de regarder la télévision.

« ATCHOUM ! Merci Eliot. C'est gentil de venir m'aider.
– De rien, Bidule. »

Dans la cuisine, ça sent très bon.

Lou prépare une omelette.
D'abord elle met du beurre dans la poêle.
Puis elle fait cuire les œufs.
Enfin elle met du sel et du poivre.

Lou prépare une compote de pommes.
D'abord elle épluche les pommes.
Puis elle les coupe.
Enfin elle les fait cuire dans la casserole.

Il est une heure, le coucou sonne. COUCOU !

Après le repas, les trois amis vont dans le bureau.
Dans la bibliothèque, les enfants découvrent des livres et des bandes dessinées.

« Bidule, pourrais-tu nous lire une histoire ?
– Avec plaisir… Il était une fois un chat qui avait des bottes magiques… »

COUCOU, COUCOU, COUCOU !
« Oh ! il est déjà trois heures, dit Eliot.
– Nous devons rentrer à la maison et faire nos devoirs ! » s'exclame Lou.

Les enfants partis, Bidule va faire la sieste dans sa chambre.

COUCOU, COUCOU, COUCOU, COUCOU, COUCOU ! Il est cinq heures.
Bidule se réveille.
« Sniff… sniff… il y a une mauvaise odeur. »

Il allume la lampe et découvre son chien Max évanoui au pied du lit.
Inquiet, Bidule se lève. Il ouvre l'armoire.

D'abord, il cherche dans ses chemises.
« Sniff… sniff… ça sent la lessive ! »
Rien.

Puis, il cherche dans ses chaussures.
« Sniff… sniff… ça sent le fromage ! »
Rien.

Bidule va dans la salle de bains.
Toujours rien.

« Sniff… sniff… ça sent bon ! Eliot a tout nettoyé ce matin.
Les toilettes sont propres, la baignoire brille et le lavabo sent le savon ! »

Bidule ouvre la porte de la buanderie.
Quelque chose a changé.

Avant le linge était dans le lave-linge. Maintenant il est par terre !
« Quelqu'un a touché mon linge ! »

Avant le fer à repasser était sur la planche à repasser. Maintenant il est sous la planche !
« Quelqu'un a fait tomber mon fer à repasser ! »

Ensuite Bidule va dans la salle à manger.
La table est toute sale.

Avant il y avait beaucoup de pain. Maintenant il y a un peu de pain.
« Quelqu'un a mangé mon pain ! »

Bidule entre dans le garage en se pinçant le nez. Ça sent très mauvais.

Ce matin, la fenêtre était fermée et maintenant elle est ouverte.

La voiture de Bidule était propre et maintenant elle est très sale. Il y a de petites empreintes sur les vitres.
« Quelqu'un a touché ma voiture ! »

Bidule ouvre la porte de la voiture.
« Pouah ! Quelle horreur ! »
Là, Bidule fait une découverte extraordinaire. Un putois est en train de dormir dans sa voiture.

Unité 4

 1. Que fait Bidule ? Bidule est en train de …

1. 2. 3.

4. 5. 6.

 2. Bidule a rangé sa chambre. Qu'est-ce qui a changé ?

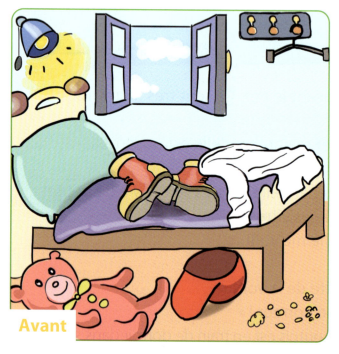
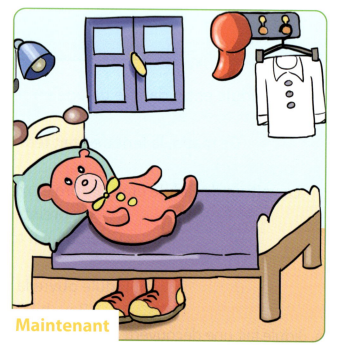

Avant   Maintenant

3. Je sais lire les mots suivants.

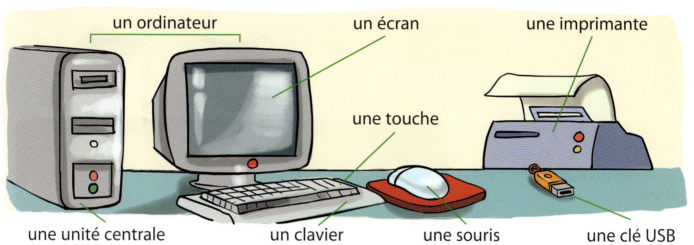

4. Qu'est-ce que c'est ? J'écoute et j'identifie les bruits de la maison.

5. Je lis le texte.

Le putois

Le putois est un petit animal brun.
Il mesure 50 centimètres.
Il pèse 2 kilos.
Il habite dans la forêt.
Il mange de petits animaux.
S'il a peur ou s'il a mal, il libère une très mauvaise odeur.

Unité 4

6. Je fabrique un frigo bien rempli.

Il me faut :

 une feuille blanche
 une feuille colorée
 de la colle
 des ciseaux
 des crayons de couleur

1. Je plie la feuille colorée en deux parties égales.

2. Je découpe les contours du frigo.

3. Je dessine la porte du frigo sur l'une des parties extérieures de la feuille.

4. Je dessine des étagères à l'intérieur du frigo.

5. Sur la feuille blanche, je dessine des aliments, je les colorie et je les découpe.

6. Je colle les aliments sur les étagères.

7. Je prépare une compote de pommes.

Il me faut :

de la cannelle en poudre — des pommes — une cuillère — un verre d'eau — une casserole — 1 sachet de sucre vanillé — un couteau — un économe

1. J'épluche les pommes et je les coupe en petits morceaux.

2. Je mets les pommes dans une casserole. Je verse la cannelle, le sucre vanillé et l'eau. Je fais cuire pendant 20 minutes.

3. Je laisse refroidir. Je déguste ma compote.

 je chante

Il était un petit homme

Il était un petit homme, pirouette, cacahouète,
Il était un petit homme,
Qui avait une drôle de maison. *bis*

La maison est en carton, pirouette, cacahouète,
La maison est en carton,
Les escaliers sont en papier. *bis*

Si vous voulez y monter, pirouette, cacahouète,
Si vous voulez y monter,
Vous vous casserez le bout du nez. *bis*

Le facteur y est monté, pirouette, cacahouète,
Le facteur y est monté,
Il s'est cassé le bout du nez. *bis*

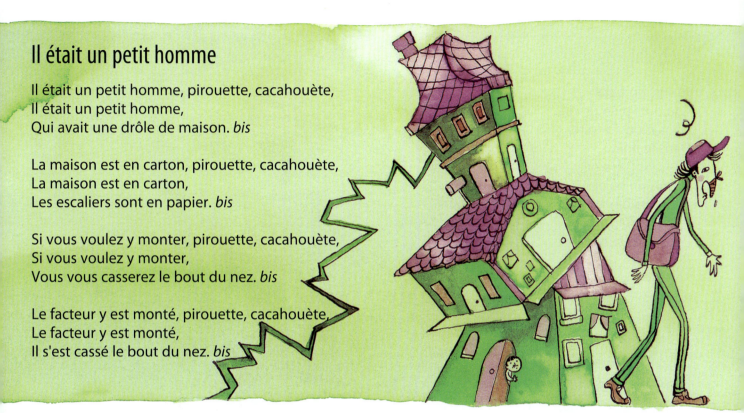

Ils étaient cinq dans un grand lit

Ils étaient cinq dans un grand lit,
Et le petit poussait poussait,
Et l'un tomba du lit.

Ils étaient quatre dans un grand lit,
Et le petit poussait poussait,
Et l'un tomba du lit.

Ils étaient trois dans un grand lit,
Et le petit poussait poussait,
Et l'un tomba du lit.

Ils étaient deux dans un grand lit,
Et le petit poussait poussait,
Et l'un tomba du lit.

Il était seul dans le grand lit,
Et le petit se dit :
« J'ai de la place dans ce grand lit ! »

Unité 4

 je récite

Le balai

Je suis un balai
Toujours bien rangé,
Dans mon armoire,
Dans le noir.

Je suis un balai
Toujours bien rangé,
Prêt à sortir,
Pour vous servir.

L'E dans l'O

L'E dans l'O,
N'aime pas beaucoup de mots.

Il aime ma sœur,
Mais il n'aime pas le beurre.

Il aime les œufs,
Mais il n'aime pas le bleu.

Il aime le bœuf,
Mais il n'est pas neuf.

Unité 5
Eliot s'est cassé la jambe

Dans cette unité,
je vais apprendre

à raconter un événement au passé	70 à 78
à exprimer des émotions	70 à 78
à décrire un accident	70
le lexique de l'hôpital	71
à nommer des parties du corps	71, 74
à parler de mes bobos	71, 74, 75, 76, 78
à dire ce que je peux ou ne peux pas faire	72, 75, 78
à faire des comparaisons	74, 76, 77, 78, 79
à décrire une fête d'anniversaire	76, 77
à demander pardon	77

je vais lire

le conte *Eliot s'est cassé la jambe*	70 à 77
des phrases en cascade	79
des cartes d'anniversaire	79

je vais réaliser

des lampions	80
des guirlandes	80

je vais chanter

A la volette	81
Mon âne	81

je vais réciter

Polichinelle	82
Mille menottes	82

Eliot s'est cassé la jambe

Samedi après-midi, Eliot jouait dans le jardin.

Eliot est monté sur l'arbre pour observer les oiseaux dans le nid.
Il a grimpé sur la branche la plus haute.
Eliot n'est pas peureux. Il est très courageux.

Mais tout à coup la branche a fait CRAC !
PATATRAS, Eliot est tombé de l'arbre.

« Aïe ! Ouille ! Ça fait mal ! »

Alors Eliot est allé à l'hôpital en ambulance.

Une infirmière est arrivée. Elle avait l'air gentil.
Elle a poussé Eliot dans une chaise roulante.

D'abord, il a fait une radio. Il a vu ses os sur la radio. Sa jambe était cassée.
Ensuite, il a eu un plâtre sur la jambe.
Enfin, on lui a fait un gros pansement autour de la tête.

Eliot se sentait raplapla.

Lundi matin, tous les copains de l'école du Chêne Vert ont beaucoup rigolé quand ils ont vu Eliot avec ses béquilles. Eliot était honteux.

« Eliot ! Tu veux faire la course ? a demandé Mehdi.
– Tu viens jouer au ballon ? » a dit en rigolant Alexandre.

Eliot ne pouvait pas courir dans la cour. Il ne pouvait pas jouer au ballon.
Il était malheureux.

Lou et Rosalie ont vu Eliot pleurer.
Elles voulaient être gentilles avec lui.

« Salut Eliot, tu as besoin d'aide ? a demandé Lou.
– On peut signer ton plâtre ? » a demandé Rosalie.

Mais voilà qu'Eliot était très fâché.

« Laissez-moi tranquille, je ne suis pas une fille. Allez jouer avec vos poupées ! » a-t-il répondu très en colère.

Mardi, Alexandre n'est pas allé à l'école.
Son visage était couvert de petits boutons rouges. Il ressemblait à ses draps à petits pois.

Le médecin est arrivé à neuf heures.
« Bonjour mon garçon, où as-tu mal ?
– J'ai mal à la gorge.
– Tu as le nez qui coule ?
– Oui.
– Ce n'est pas grave. Tu as la varicelle. Tu dois te reposer. Dans quelques jours, tu iras mieux. »

A cinq heures, Eliot a téléphoné à Alexandre.

« Allo ! Salut Alexandre.
– Salut Eliot.
– Tu es malade ?
– Oui, j'ai la varicelle.
– Oh là là ! Tu as des boutons partout ? dit Eliot en riant.
– Oui et ce n'est pas drôle !
– Tu peux faire les devoirs ?
– Heu… Oui…
– Alors, il faut faire l'exercice 4 page 30 du cahier de maths.
– D'accord, merci. »

Vendredi après-midi, les amis étaient très excités car l'anniversaire d'Eliot approchait.
Lou a proposé d'organiser la fête chez elle.

Lou et Rosalie ont préparé un gâteau au chocolat.
« Miam, c'est délicieux ! a dit Lou en trempant son doigt dans la pâte.
– Ne mange pas trop de chocolat, tu vas avoir mal au ventre ! » a dit Rosalie.

Bidule et Marcel ont fait des lampions et des guirlandes pour la décoration.
Ils ont aussi gonflé des ballons.
« Mon ballon est plus gros que ton ballon, a dit Marcel.
– C'est vrai, a répondu Bidule, bravo ! »

Samedi, une surprise attendait Eliot dans la maison de Lou.
Tous ses amis étaient là, même Alexandre qui était guéri.

Lorsqu'Eliot est arrivé, tous les enfants ont chanté :

« Joyeux anniversaire Eliot ! »

Eliot a soufflé les 9 bougies. Il était heureux.

« Pardon Eliot, j'ai été méchant avec toi, a dit Alexandre.
– Et moi, je me suis moqué de tes boutons, excuse-moi », a répondu Eliot.

Comme cadeau, Eliot a reçu un ballon de football.
Bidule était fier de ses amis.

Unité 5

 1. Où est allé Eliot ?

1.

2.

3.

4.

 2. Qu'est-ce que Bidule ne peut pas faire ?

 3. Que dit Bidule ?

J'ai mal à la tête

1.

2.

3.

 4. Alexandre ressemble à des draps (voir p. 74).

A quoi ressemble Bidule ?

Bidule   un œuf

A quoi ressemble Eliot ?

Eliot   une momie

78 soixante-dix-huit

Unité 5

5. Je compare les oiseaux.

A est plus petit que B.

6. Je lis des phrases en cascade. Je trouve le nouvel élément dans chaque phrase.

L'ambulance roule.

La grande ambulance roule.

La grande ambulance blanche roule.

La grande ambulance blanche roule vite.

7. Je lis les cartes d'anniversaire.

Unité 5

8. Je fabrique des lampions.

Il me faut :

 des feuilles colorées de format A4

 des ciseaux

 une agrafeuse

 du fil

1. Je plie la feuille colorée en deux dans le sens de la longueur.

2. Je découpe des entailles en m'arrêtant à 2 cm de chaque bord.

3. J'ouvre la feuille et je la plie dans le sens de la largeur. J'agrafe les deux extrémités.

4. Je fabrique une petite anse et je l'agrafe sur le haut du lampion.

5. Je fabrique plusieurs lampions. J'accroche mes lampions sur un fil et je les suspends. Je peux aussi les poser sur une table.

2.

3.

5.

9. Je fabrique des guirlandes.

Il me faut :

 des ciseaux

 du fil

 des bandes de papier coloré

 du ruban adhésif

1. Je fais un anneau avec une bande de papier et je le fixe avec du ruban adhésif.

2. Je glisse une autre bande de papier de couleur différente à l'intérieur du premier anneau et je fais un autre anneau.

3. Je continue ainsi de suite pour obtenir une guirlande. Je la suspends à un fil. Je peux faire plusieurs guirlandes pour décorer la classe.

1.

2.

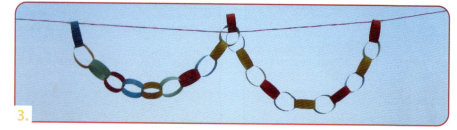
3.

80 quatre-vingt

je chante

A la volette

Mon petit oiseau a pris sa volée, *bis*
A pris sa, à la volette, *bis*
A pris sa volée.

Est allé se mettre sur un oranger, *bis*
Sur un o, à la volette, *bis*
Sur un oranger.

La branche était sèche, la branche a cassé, *bis*
La branche a, à la volette, *bis*
La branche a cassé.

Mon petit oiseau, où t'es-tu blessé ? *bis*
Où t'es-tu, à la volette, *bis*
Où t'es-tu blessé ?

Je me suis cassé l'aile, et tordu le pied, *bis*
Et tordu, à la volette, *bis*
Et tordu le pied.

Mon âne

Mon âne, mon âne
A bien mal à la tête.
Madame lui fait faire
**Un bonnet pour sa fête
Et des souliers lilas, la, la,
Et des souliers lilas.**

Mon âne, mon âne
A bien mal aux oreilles.
Madame lui fait faire
Une paire de boucles d'oreilles,…

Mon âne, mon âne
A bien mal à ses yeux.
Madame lui fait faire
Une paire de lunettes bleues,…

La partie en gras est à répéter en cascade à la fin de chaque strophe.

quatre-vingt-un

Unité 5

 je récite

Polichinelle

Polichinelle
Monte à l'échelle,
Un peu plus haut
Se casse le dos,
Un peu plus bas
Se casse le bras,
Trois coups de bâton :
En voici un,
En voici deux,
En voici trois.

Mille menottes

Main qui gratte,
Main qui frotte,
Main qui tape,
Main qui note,
qui pianote,
qui papote,
Main qui tâte,
Main qui tope,
Mille menottes
Pour s'faire des potes.

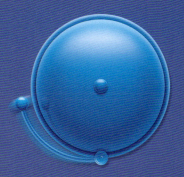

Unité 6
La chasse au dahu

Dans cette unité,
je vais apprendre

à décrire un animal imaginaire 84, 85
à parler au passé .... 84 à 91
à exprimer la nécessité (il faut) 85, 92
à parler au futur 86, 87, 92
à lire une carte 87
à décrire une forêt .... 87 à 90
à nommer les animaux de la forêt 88, 89, 91, 92, 93
à faire une hypothèse 91
à identifier les sons de la forêt 92

je vais lire

le conte *La chasse au dahu* .... 84 à 91
des mots en [uj] et [œj] 93
un rébus 93
la couverture d'un livre 93

je vais réaliser

une chouette marionnette 94
un hérisson porte-crayon 94

je vais chanter

Pauvre dahu 95
Le grand cerf 95

je vais réciter

Dis maman 96
Le hérisson 96

La chasse au dahu

Ce jour-là, les amis devaient visiter le zoo. Mais le zoo était fermé et Lou et Eliot étaient très déçus.

Alors pour les consoler, Bidule leur raconta une histoire.
« Le dahu est un animal très spécial qui ressemble à un chevreuil.
– Il a des cornes ? demanda aussitôt Lou, très curieuse.
– Oui, il a de petites cornes.
– Et qu'est-ce qu'il mange ?
– Il mange des escargots et des truites.
– Où il dort ?
– Il dort près des buissons.

– Le dahu est très bizarre, continua Bidule. Ses pattes de droite sont plus longues que ses pattes de gauche.
– Ah oui ! Pourquoi ?
– Parce qu'il vit dans la montagne et il peut ainsi marcher dans les pentes.
– Je voudrais bien voir un dahu, dit Lou.
– Oh oui moi aussi ! dit Eliot.
– Il est possible de chasser le dahu, expliqua Bidule. Pour cela, il faut partir la nuit avec un sac et un sifflet. Lorsque le dahu entend siffler, il se retourne, il perd l'équilibre et il tombe dans le sac du chasseur. »

Lou et Eliot imaginèrent quelle belle aventure cela pourrait être.

« Bidule, et si on allait à la chasse au dahu ? demanda tout à coup Lou.
– D'accord ! On partira demain.
– Super ! fit Lou.
– Génial ! poursuivit Eliot.
– On partira la nuit ?
– Oui, on partira la nuit.
– De quoi aura-t-on besoin ?
– On aura besoin d'une lampe de poche, de sifflets, de gourdes, de sacs à dos, d'un appareil photo et d'un gros sac pour le dahu.
– Que fera-t-on ?
– On attrapera le dahu, on le prendra en photo, puis on le relâchera. »

Les trois amis allèrent chez Bidule pour les préparatifs.

« Quel chemin on prendra ? demanda Lou.
– On prendra ce chemin-là, répondit Bidule en montrant une carte.
– On marchera dans la forêt ?
– Oui, on marchera dans la forêt.
– On traversera la rivière ?
– Oui, on traversera la rivière.
– On montera sur la montagne ?
– Oui, on montera sur la montagne. »

Lou et Eliot étaient très impatients de partir à la chasse au dahu !

Le grand jour arriva, les trois amis étaient prêts pour la chasse au dahu !

La nuit tombée, ils se mirent en marche.
Très vite, ils arrivèrent dans une forêt sombre.

« Regardez, dit Bidule, une chouette !
– Chut, madame la chouette, chuchota Eliot, tu vas réveiller l'écureuil qui dort. »

Puis, ils passèrent près d'un étang où ils entendirent le coassement des grenouilles.

Ils arrivèrent au pied de la montagne. De belles fleurs couvraient le sol.
Lou cueillit une fleur et la mit à son oreille.

Ils commencèrent à monter la montagne en zigzag et rencontrèrent un grand cerf.
Tout à coup, ils virent des abeilles en colère qui poursuivaient un ours.
Il avait volé leur miel.

Mais toujours pas de dahu en vue…

Les amis se cachèrent derrière les buissons et sifflèrent pour appeler le dahu.
Ils attendirent, mais rien n'arriva…

Soudain…
« Ecoutez les enfants, j'entends un bruit, dit doucement Bidule.
– Oui, vite, ouvre le sac Lou ! » ordonna Eliot.

Dans l'obscurité, quelque chose tomba dans le sac.

Sans ouvrir le sac, les enfants et Bidule prirent le chemin du retour.
Chacun fit ses hypothèses sur le dahu que l'on avait attrapé.

« Moi, je crois que c'est un bébé dahu parce qu'il est petit, dit Lou.
– Et moi, je crois que c'est un dahu très poilu parce qu'il pique », dit Eliot.

A l'aube, ils arrivèrent à l'orée de la forêt et ouvrirent le sac pour prendre des photos.
Que trouvèrent-ils dans leur sac ?
Un hérisson !

Unité 6

 1. En randonnée en montagne, que faut-il ?

Il faut un bâton de randonnée

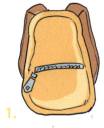 1.  2.  3.  4.  5.

 2. En promenade en forêt, qu'est-ce qu'on fera ?

 1.  2.

 3.  4.

 **3. Qu'est-ce que c'est ? J'écoute et j'identifie les sons de la forêt.**

 1.  2.  3.  4.  5.  6.

Unité 6

 4. Je lis les mots suivants.

une grenouille   une citrouille   un fenouil
un chevreuil   une feuille   un écureuil

 5. Je lis le rébus.

1. marchera dans la .

2. traversera une  .

3. se cachera derrière les .

4. Ils attraperont le .

5. Le tombera dans le .

6. Ils trouveront un .

 6. J'observe la couverture du livre et je réponds aux questions.

1. Quel est le titre du livre ?
2. Qui sont les auteurs du livre ?
3. Quel animal est représenté sur la couverture ?
4. Quelles couleurs sont sur la couverture ?
5. La couverture te plaît-elle ?

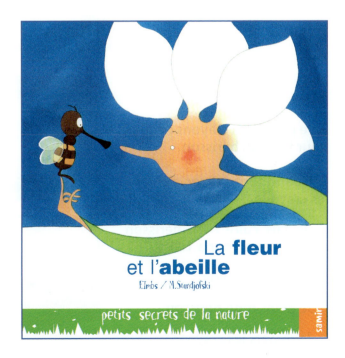

Unité 6

  7. Je fabrique une chouette marionnette.

Il me faut une enveloppe beige   un petit triangle de papier jaune   des petites bandes de papier jaune   des morceaux de papier journal   un feutre des ciseaux de la colle

1. Je dessine de grands yeux de chouette sur l'enveloppe.

2. Je dessine le corps.

3. Je découpe des petites bandes de papier journal et je les colle pour faire les plumes.

4. Je colle le triangle pour faire le bec et les petites bandes jaunes pour faire les pattes.

5. Je passe la main dans la marionnette. Je chuinte comme la chouette !

3.

5.

  8. Je fabrique un hérisson porte-crayon.

Il me faut de la pâte à sel   des crayons   de la peinture  un pinceau

1. Je fais une boule avec la pâte à sel.

2. Je plante les crayons dedans pour faire un hérisson.

3. Quand tout est sec, j'enlève les crayons.

4. Je fais cuire mon hérisson une heure au four à 100°C.

5. Je laisse refroidir.

6. Je peins mon hérisson.

7. Je remets les crayons.

1.

3.

6.

7.

Unité 6

je chante

Pauvre dahu

J'ai vu le dahu, l'écureuil et la chouette,
J'ai vu le dahu là-haut dans le pré.

J'ai vu le dahu, l'écureuil et la chouette,
J'ai vu le dahu en train de brouter.

J'ai vu le dahu, l'écureuil et la chouette,
J'ai vu le dahu se faire attraper.

Pauvre dahu, c'est vraiment pas chouette,
Pauvre dahu, j'irai te libérer.

Le grand cerf

Dans sa maison un grand cerf
Regardait par la fenêtre
Un lapin venir à lui
Et frapper ainsi :
« Cerf ! cerf ! ouvre-moi !
Ou le chasseur me tuera !
– Lapin, lapin, entre et viens
Me serrer la main. »

Unité 6

je récite

Dis maman

Dis maman, on ira quand au bord de l'étang ?
Dis papa, on ira quand dans les bois ?
Dis grand-mère, on verra quand plein de p'tits vers ?
Dis grand-père, on verra quand le beau grand cerf ?
Dis fiston, tu nous fatigues avec tes questions !

Le hérisson

Bien que je sois très pacifique,
Ce que je pique et pique et pique,
Se lamentait le hérisson.
Je n'ai pas un seul compagnon.
Je suis pareil à un buisson,
Un tout petit buisson d'épines
Qui marcherait sur des chaussons.
J'envie la taupe, ma cousine,
Douce comme un gant de velours
Emergeant soudain des labours.
Il faut toujours que tu te plaignes,
Me reproche la musaraigne.
Certes, je sais me mettre en boule
Ainsi qu'une grosse châtaigne,
Mais c'est surtout lorsque je roule
Plein de piquants, sous un buisson,
Que je pique et pique et repique,
Moi qui suis si, si pacifique,
Se lamentait le hérisson.

Maurice Carême, extrait de *Pomme de reinette*, © Fondation Maurice Carême

Cette première édition a été achevée d'imprimer sur les presses de Dots – Dar El Kotob – Beyrouth, en décembre 2008